哀愁

ガリットチュウ福島のモノマネ人生劇場

福島善成

もくじ

4 　哀愁とは

5 　撮りおろしフォトストーリー
　　和田千鶴の初恋

33 　**福善東中
　　第69期卒業アルバム**

34 　3年ED組クラス写真

36 　教員紹介

38 　授業風景

39 　修学旅行

40 　部活動紹介

42 　出来事

45 同級生、その後。

- 46 クラスメイト ── 相田 忍／木村拓庵
- 48 クラスメイト ── 白川 守／塚原健二郎
- 50 クラスメイト ── 中牟田慎吾／橋口亮二
- 52 クラスメイト ── 益田智哉／山内鉄也
- 54 クラスメイト ── 梅崎佳代／太田黒風花
- 56 クラスメイト ── 岡田奏子／小川陽子
- 58 クラスメイト ── 小園真里子／島田翔子
- 60 クラスメイト ── 豊田チャリーダ・麻子／福田未来
- 62 クラスメイト ── 和田千鶴

63 哀愁が止まらない

89 芸能人モノマネ

- 90 船越英一郎
- ダレノガレ明美
- ISSA
- 小林幸子
- 秋川雅史
- 藤田ニコル
- 池田美優
- ギャル曽根
- 藤岡弘、
- 丸山桂里奈
- アンジャッシュ渡部
- 林 修
- 渡辺えり
- オードリー・ヘップバーン
- ジョージ・ルーカス
- せんとくん

- 94 あとがき

あいしゅう【哀愁】とは――寂しくもの悲しい。もの悲しい気持ち。

撮りおろしフォトストーリー
和田千鶴の初恋

千鶴は恋をした——

恋をするって胸が苦しい

そうだ！ラブレターを渡そう

好きです 好きです 好きです 
好きです 好きです 好きです
好きです 好きです

好きです 好きです

好きにならないと呪ってやる

好きです 好きです
好きです 好きです
好きです 好きです

この想いよ、届けっ！

ドキンドキン……

ただいま(これが現実……だよね)

泣いてる顔もブサイクだなぁ

うるせぇ　すべておまえのせいだ

絶対キレイになってやる

福善東中　第69期卒業生

3年ED組

相田 忍
(あいだ しのぶ)

木村拓庵
(きむら たくあん)

白川 守
(しらかわ まもる)

塚原健二郎
(つかはら けんじろう)

中牟田慎吾
(なかむた しんご)

橋口亮二
(はしぐち りょうじ)

益田智哉
(ますだ ともなり)

山内鉄也
(やまうち てつや)

梅崎佳代

太田黒風花

岡田奏子

小川陽子

小園真里子

島田翔子

豊田チャリーダ・麻子

福田未来

和田千鶴

教員紹介

校長　西山聖子(にしやませいこ)

教頭　森田剛文(もりたたけふみ)

理科　塩原才蔵(しおはらさいぞう)

社会　藤本誠二(ふじもとせいじ)

校歌

作詞 百々瀬健三郎
作曲 町下由恵子

一、火葬場の隣に聳え立つ　我らが学び舎
　　煙が何故と問いかける
　　人はどうして生きているのか
　　そんなの誰も分からない
　　でもなるべく楽しく生きたほうがいい
　　優等生も不良も死んだら終わり
　　ああ　時間は平等　運は不平等
　　ああ　福善東中学校

二、仰ぎ見れば　巨大墓地
　　菊の花が問いかける
　　人はどうして金を欲しがるのか
　　女にモテたいだけだけど
　　時代がそれを許さない
　　バレないようにやるだけさ
　　ああ　時間は平等　運は不平等
　　ああ　福善東中学校

三、見下ろせば　ゴミ処理場
　　腐臭が我らに教えてくれる
　　頑張って獲ったトロフィーも
　　あの子がくれたラブレターも
　　思い出の卒業アルバムも
　　いつかはすべてゴミとなる
　　ああ　時間は平等　運は不平等
　　ああ　福善東中学校

国語　坂田暁義（さかた あきよし）

数学　横井克次（よこい かつじ）

英語　錦戸晴美（にしきど はるみ）

AET　ルーシー・アッシュフィールド

体育　石井真治（いしい しんじ）

音楽　川本美穂（かわもと みほ）

授業風景

修学旅行

旅館

ギブミー鹿せんべい公園

縦浜中華街

サーモンピンク閣寺

枯ハッパーランド

部活動紹介

柔道部

囲碁将棋部

バスケットボール部

囲碁将棋部

サッカー部

卓球部

ダンス部

出来事

1996
- ポコ珍太郎が第69代総理大臣に任命されるが3日後、女性スキャンダルで辞任。最短の任務期間だった。
- 映画『女はつらいよ』の姉さん役で人気を得たブ渥み清子、68歳で死去。
- アメーすい星、山梨県大泉村で観測。
- 正常牛病が完全拡大。世界中の牛が真面目に。
- 新宿駅総武線ホームにてホステスが吐いたゲロが美しすぎて世界遺産に登録。

1997
- 高室奈美恵、SAMUIと電撃結婚。
- 男性性器を育てるゲーム『金タマごっち』が、OLや女子高生に人気を集め爆発的ヒットになった。
- 映画『七人の男優』で知られるポルノ映画の巨匠、白澤明子77歳で死去。
- 宇宙飛行士、鬼頭 太さんがスペースシャトル内で日本人初の自慰行為に成功。

1998
- 第16回ハッカーワールドカップ、日本初出場。ボコボコにハッキングされグループリーグ敗退。
- 子供たちを中心に『ポシェットモンスター』、ガリチュウが大人気。
- 暗石海峡大橋全面通行止め。
- ヒマの大魔神・代々木（横浜ヘーシタイズ）ヒマすぎて連続ふて寝時間更新。
- 長野五郎、肛門科開業。史上最多32ヶ国の患者が集う。

元号が「巨乳」に変わる

海一証券が倒産し、号泣会見。これを見ていた岡本真昼が「トゥモロオー」を作詞作曲し爆発的大ヒット。

腹黒ギャルの口グセ「ごめん〜財布忘れた〜」が大流行。

MEMO

自分を信じて人生を切り
開いてゆこう。いつでも待っているよ。
　　　　　藤本 誠二

大スキよー♡
ずーっと友だち♡
I LOVE YOU♡
　　ふうか

2人はカップル
CHIZURU♡
KENJIRO MIKI

これからも、ずっとずっと
親友でいてね！
また遊びに行くよ。
♡MIKI♡

卒業だよ…めちゃくちゃ淋しい。
3年間 ちづるにお世話になりま
くった気がする…色々と迷惑もかけて
しまい… 何もかもを含めて全部
ありがとう♡これからも仲良くしてね。
卒業しても遊ぶわよ♪高校入っても
ずっと友達でいてね。ちづるの
お母さんにも感謝しています。
ちづるのお母さんの手作り料理
すごくおいしかった。また食べたいな。
大好きなちづるへ　かなこでした。

逆境に
負けるな
素直な心を！
舞喜

同級生、その後。

和田千鶴をはじめとする福善東中のクラスメイトのその後を紹介する。

Following graduates

Shinobu Aida

NO. 001

ふりがな	あい だ しのぶ
氏 名	相田 忍
誕生日	2月14日
星 座	みずがめ座
将来の夢	世界征服
クラスメイトへのひと言	すべてを極めろ

同級生、そ・の・後・。

―― その後 ――

20年後の彼

ジムで胸筋しか鍛えないキャバクラのオーナー。ベンチプレス120キロをあげるがお腹はタプタプ。酔うと武勇伝が止まらない。

**20年後の彼と
同じビルで働く人……❶**

指名ゼロの風俗嬢の宣材写真。指名を増やすため、夏までに痩せるつもりだったのが逆に10キロ太った。結局今年も指名ゼロ。

**20年後の彼と
同じビルで働く人……❷**

バイトからあがる1時間前から時計を見すぎて客の呼ぶ声が聞こえないすし屋のバイト。帰りに『不思議の海のナディア』のDVDを借りる予定。

Takuan Kimura

NO. 002

ふりがな	きむら たくあん
氏名	木村拓庵
誕生日	11月14日
星座	さそり座
将来の夢	ピアニスト、美容師、弁護士、アイスホッケー選手
クラスメイトへのひと言	No.1じゃなくてオンリーワンを目指そう

その後

20年後の彼

地元の祭りの出店でちっちゃいちっちゃいBB弾ぐらいのたこしか入っていないたこ焼きを売っている。6個入りで800円もする。でも売れる。

20年後の彼が狙っている女

無愛想でムダにエロい屋台の人。本人がエロくないところが逆にエロい。茶髪で前歯のない白いジャージのおじさんといつも一緒。

20年後の彼がナンパしようと思った女

祭りとなるとはりきり、やたら厳しくなる。転入生やよそ者には絶対に神輿を担がせない。担ぐときは一番前。歯茎が黒い。

Following graduates

Mamoru Shirakawa

NO. 003

ふりがな	しら かわ まもる
氏 名	白川 守
誕生日	11月11日
星 座	さそり座
将来の夢	バンド"UCHUU NO OWARI"のすべてのライブに行くこと

クラスメイトへのひと言

めちゃめちゃ楽しすぎた。
みんなありがとう

同級生、そ・の・後・。

― その後 ―

▽ ▽ ▽

20年後の彼

急な気温上昇にも関わらず、絶対に上着を脱がない。それがオシャレだと思っている。でも、なかのTシャツは脇汗でビチャビチャ。

20年後の彼の姉

家がものすごくお香臭い。すぐ"宅飲み"に誘い、途中から電気を消して雰囲気を出してくる。休みがあるとすぐバリ島に行く。

20年後の彼の姉の友達

日本の生活に嫌気が差し、これまでの人生に疲れ果て、旅先で出会ったアフリカ人と結婚。ゴリゴリに浮気されているが気づいていない。

Kenjiro Tsukahara

NO. 004

ふりがな	つか　はら　けん　じ　ろう		
氏名	塚原健二郎		
誕生日	5月5日	星座	おうし座
将来の夢	家を継いで漁師になる		

クラスメイトへのひと言

サッカー部のみんなありがとう!

その後

▽ ▽ ▽

10年後の彼

漁師になり、美人の嫁さんをもらったが5年後、激太りされてしまった。週1で嫁を抱く。25歳で3人の父親。子どもは全員男の子。

20年後の彼の姉

パチンコで毎日激負けしているのに店員とめちゃめちゃ仲良く話す。たまにジュースを奢るが、本心は出る台を聞きたいだけ。

20年後の彼の近所の人

町内会でもちまわりの役員を平気で断る。夫婦で大体ハードオフにいる。それでいて配られる紅白饅頭はもらう。

Following graduates

Shingo Nakamuta

NO. 005

ふりがな	なかむたしんご
氏名	中牟田慎吾
誕生日	6月1日
星座	ふたご座
将来の夢	官僚
クラスメイトへのひと言	群雄割拠。みんな生き残れ

その後

同級生、そ・の・後・。

30年後の彼

居酒屋でバイトしている。礼儀正しく真面目に働くが、年に数回連絡もせず急に休み、次の日しれっと来る。何も聞くなオーラが全開。

30年後の彼の嫁

回覧版をすぐ止める。「届いていない」と言われると、「昨日きたから」と嘘をつく。本当は1週間止めている。意外と達筆。

彼らの未来の孫

学校の避難訓練でニヤニヤしていて、先生に死ぬほど怒られる。他にもニヤニヤしていた子はいたのに怒られたのは彼だけ。

Ryoji Hashiguchi NO. 006

ふりがな	はし ぐち りょう じ
氏　名	橋口亮二
誕生日	8月31日　　星座　おとめ座
将来の夢	ビッグになって大金持ちになる

クラスメイトへのひと言

Never Give Up!

その後

▽ ▽ ▽

母方の親戚のおじさん

無駄にまつ毛の毛量が多い。学生時代はヤンキーで意外とケンカが強い。亮二が中学生のときマンガをたくさん買ってくれた。

年の離れた兄

意中の女性がいて出席したかったが、金がなくて二次会に出られなかった。亮二が中学生のとき、すでに社会人。車検で給料がなくなった。

30年後の彼

酔っ払って財布とスマホを失くし、死ぬほど嫁に怒られる。駅のベンチで起きると何ももっていない。靴も上着もなくした。

Following graduates

Tomonari Masuda

NO.007

ふりがな	ますだ ともなり
氏　名	**益田智哉**
誕生日	4月30日
星　座	おうし座
将来の夢	みんなから慕われる学校の先生

クラスメイトへのひと言

あっという間の3年間だった。
復讐するヤツには復讐するからな

同級生、そ・の・後・。

その後

▽　　　▽　　　▽

20年後の彼

誰からも慕われない体育教師。生徒にも先生にも常に気さくに接しているが空まわり。元卓球部。みんななんとなく嫌っている。

20年後の彼の上司

デカすぎる校長先生。身長182cm。元バレーボールの国体選手でいつもは白いジャージを着ている。彼が通っていた福善東中の校長先生の娘。

**20年後の彼が、こっそり
通っているガールズバーの店員**

なめられないように無理やり金髪にしている。上京してきたばかりで方言とあどけなさがおじさんに人気。半年後、青森に帰る。

Tetsuya Yamauchi

NO. 008

ふりがな	やま うち てつ や
氏　名	山 内 鉄 也
誕 生 日	12月13日　　星座　いて座
将来の夢	広末涼子と付きあう

クラスメイトへのひと言

思い出はたくさんあるけど、
嫌なことは忘れることにした

― その後 ―

20年後の彼

ニヤニヤしながら性の授業をする教師。生徒の反応を見るのが好き。質問にゆっくりねっとり答える。聞いていないことも答える。

20年後の彼の双子の弟

独特の体臭で、会社に来たのが匂いでわかる。匂いがキツイのは弟のみ。無愛想な独身貴族。兄弟で月に1回は会って食事をする。

彼らの初恋の人

地元の居酒屋でよく会う、クラスで一番デカかった人。女子バレー部で、ムダに姉御肌。同じクラスにはなったことがない。大酒飲み。

Kayo Umesaki

NO. 009

ふりがな	うめ さき か よ
氏　名	**梅　崎　佳　代**
誕生日	8月12日
星座	しし座
将来の夢	GAINAXで働きたい

クラスメイトへのひと言

あなたは死なないわ…。私が守るもの。
サービス、サービス♪

その後

同級生、そ・の・後・。

10年後の彼女

オシャレなカフェに行きすぎて金欠になったサブカル女子。一番安いアイスコーヒーを注文し、家でつくってきたおにぎりを食べる。

10年後の彼女の母

軽い立ち話で、まったく同じ話を正確に3回してくる。抑揚も、"間"も、驚く顔もまったく一緒で、タイムスリップした気にさせる。

彼女の未来の旦那

彼女に食わせてもらっている空間デザイナー。機材や名刺はひと通り揃えているが、それも彼女のお金。ズブの素人のため仕事はない。

Fuka Ohtaguro

NO. 010

ふりがな	おおたぐろ ふうか
氏　名	太田黒風花
誕生日	10月3日
星　座	てんびん座
将来の夢	ジャミロクワイのバックダンサー

クラスメイトへのひと言

3年間みんなありがとう
みんな大好き I LOVE YOU♡

その後

5年後の彼女

二次会のカラオケですぐに男といなくなる。階段の踊り場で友達の彼氏とキスをしていた。結局戻ってこずカラオケ代も払わない。

**彼女が高校時代に
ハマっていた人の10年後**

ヴィジュアル系バンドを引退後、ちょっと太ったボーカル。3年前に解散＆引退。友達の結婚式で久しぶりに歌う。太っちょナルシスト。

25年後の彼女

SNSにUPするとき自分の顔をスタンプで隠す40代独身女性。一眼レフを使ってガンガン撮りまくる。調子がいいときは、片目だけオープン。

Kanako Okada

NO. 011

ふりがな	おかだ かなこ
氏 名	岡田 奏子
誕生日	12月7日 　　星座　　いて座
将来の夢	子どもたちに愛される保母さんになる

クラスメイトへのひと言

結局楽しかった。ありがとう

同級生、そ・の・後・。

その後

20年後の彼女

下ネタをバンバン言うスナックの店員。しかし、お触りすると激ギレする。さじ加減がわからない。高校時代のあだ名は"アマゾネス"。意外と繊細。

20年後の彼女の彼氏

パチンコにいくと必ず負ける。しかし、彼女が勝ち、結果とんとんになる。このときは、彼氏が6万2千円負け、彼女が6万7千円勝った。

20年後の彼女の店の常連客

セクシー女優のサイン会に並ぶおじいちゃん。79歳。口グセは「まだまだ若いもんには負けん」。婆さんに申し訳ない気持ちはある。

Yoko Ogawa　　　　　　　　　　　　　　NO. 012

ふりがな	おがわ ようこ
氏　名	小川陽子
誕生日	7月18日　　星座　かに座
将来の夢	フジテレビのアナウンサー
クラスメイトへのひと言	3年間みんなありがとう。私のこと忘れないでね。東京で同窓会しよう！

・そ・の・後

▽　　　　　　▽　　　　　　▽

5年後の彼女

地元の情報誌にスカした顔で頻繁に登場。社長が集まる飲み会に必ずいる。名前はローマ字表記。すっぴんメイクで勝負している。

10年後の彼女

友達の結婚式に平気で白いドレスを着てくるなど、まわりから白い目で見られている。中学のときはバレていなかったけど、やばいヤツだった。

40年後の彼女

趣味のダンスの発表会に家族、親戚、友人、誰も観に来なくて衝撃を受けている。「時間があえば行く」と言っていたのに……。

Following graduates

Mariko Kozono

NO. 013

ふりがな	こぞの まりこ		
氏　名	小園真里子		
誕生日	1月18日	星座	やぎ座
将来の夢	Niceなママになりたい		

クラスメイトへのひと言

未来の私へ。今をenjoyしよう!

同級生、そ・の・後・。

その後

▽　▽　▽

**彼女が高校時代、
ホストファミリーで迎えた人**

冬場、ものすごい薄着で観光する。北欧出身だから寒くないらしい。とはいえ、見ているこっちが寒くなる。皮膚が丈夫。

**彼女が1度だけ
詩集を買ったことがある詩人**

毎日、駅前で自分が作った詩集を売っている。誰にも声をかけられない。週末は酔っ払いに絡まれている。でもなんだか楽しそう。

30年後の彼女

家族が好きすぎて婚期を逃す。休日はいつも家族で行動。幸せは人それぞれだと自分では思っているが、両親は本気で心配している。

Shoko Shimada

NO. 014

ふりがな	しま だ しょう こ
氏　名	島 田 翔 子
誕生日	3月12日 　　星座　うお座
将来の夢	早く結婚したい
クラスメイトへのひと言	小さな幸せだけでいい

その後

彼女の高校時代の彼氏

パーティーで見かけるも何の仕事をしているのかわからない。関係者オーラを出しているが違う。ハーフに見えるがハーフではない。

20年後の彼女

子どもに最新のゲーム機やソフトをバンバン買い与える。友達が遊びにくると、麦茶ではなくコーラを出す。夏休みの宿題はスナックでやらせる。

20年後の彼女の友達

気あいが入りすぎてるおなべ。『アウトレイジ最終章』を観たばかり。彼女とどこで出会ったか、なぜ仲良くなったかは謎。

Asako Toyoda Charryda　　NO. 015

ふりがな	とよだ		あさこ
氏　名	**豊田チャリーダ・麻子**		
誕生日	9月24日	星座	てんびん座
将来の夢	わからない		

クラスメイトへのひと言

お母さん以外信じない。

同級生、そ・の・後・。

― その後 ―

年の離れた彼女の弟

ハロウィンでハシャギすぎて友達とはぐれた。約1時間誰とも連絡がとれない。早く帰りたいがひとりで電車に乗る勇気がない。

彼女の母親

いくつになっても性欲が落ちない。生涯現役宣言。年を重ねるごとに（性欲は）増している。旦那は目をつぶり寝ているだけのマグロ。

X年後

ゾンビウィルスに感染してないのに見た目だけで撃たれてしまう。「違う！　違う！」と叫んだのに……。人は見た目が100パーセント。

Miki Fukuda   NO. 016

ふりがな	ふくだ みき
氏　名	**福田未来**
誕生日	3月24日　　星座　おひつじ座
将来の夢	たくさんの猫と暮らす

クラスメイトへのひと言

3年間みんなありがとうございました

その後

▽　　　　　　　　▽　　　　　　　　▽

高校時代の彼女の彼氏

大西ライオンがたまに営業にくる地元のテーマパークのチラシモデル。まったくワクワクしないが2年に1回ぐらい行きたくなる力がある。

10年後の彼女

まったく人気がないけど浴衣デーの撮影をするキャバクラ嬢。支配人に「一応撮っておくか」と言われ、常連に見せたら「詐欺だ」と言われた。

10年後の彼女の彼氏

レンタルビデオ屋で平気で新作のエロDVDを10本借りる。新作でも躊躇しない。欲望に忠実。そんなところに彼女は惚れている。

Following graduates

Chizuru Wada

NO. 017

ふりがな	わ だ ち づ る
氏　名	**和 田 千 鶴**
誕生日	10月24日
星座	さそり座
将来の夢	人から頼られる看護婦になりたい

クラスメイトへのひと言

いろいろあったけど3年間楽しかったです。
みんなと過ごした時間は宝物。

――― その後 ―――

▽ ▽ ▽

**彼女が大学生のとき
初めてできた彼氏**

4月から11月までほぼ同じファッション。いつ見かけても同じ。冬場はこれにダウンを羽織るだけ。靴下は年中くるぶし丈。

20年後の彼女

いろんな地元のイベント（劇団、音楽ライブ、絵画展など）をなんでも毎回無償で手伝う。基本的に受付。打ち上げで大酒を飲む。

20年後の彼女の姉

インディーズバンドを20年追っかけている。そのバンドも3月で解散。いつか終わりはくるとわかっている。今後は刺繍に時間を使う。

同級生、そ・の・後・。

哀愁が止まらない

人生いろいろ、男女もいろいろ。
溢れだす哀愁をあなたは感じることができるか……？

Relentless Depression

「ダイエット初日に頑張りすぎて、次の日から何もやる気が起こらなくなる人」

#ダイエット
#強い意志で決意
#ジャージも買い揃えた
#初日頑張りすぎた
#次の日
#全身筋肉痛
#あと寒すぎて
#何もやる気が起こらない
#ヘルシー鍋食べる
#締めの雑炊腹いっぱい食べるけど
#スーパーのティラミス食べるけど
#次の日からワインも飲んじゃうけど
#逆に太るけど

NO. 001

📍 和光市運動場

哀愁が止まらない

「市役所勤務で淡い色の軽自動車に乗ってる人」

#市役所勤務
#淡いグリーンの軽自動車
#10年間乗っているが
#車内は新車のように綺麗
#独身40歳
#無駄にエロい
#ニンニクを平気で食べる
#弁当箱は
#めちゃめちゃ小さいのに
#でもなぜか太ってる
#お酒は飲まないので
#職場の飲み会では
#終わりにみんなを送る役

NO. 002

📍 静岡県沼津市

「叩き上げ社長の奥様の最終形態」

NO. 003

#叩き上げ社長
#奥様
#最終形態
#ベリーショート
#白髪染めの代わりに
#金髪に
#45歳から
#ヨガ
#マラソン
#キックボクシング
#はじめる
#タバコはやめない
#元ヤン
#最近ではオーラが見えるようになる

 石川県金沢市

「寝坊して旅館の朝食バイキング食べられなかった人」

NO. 004

#旅館
#朝食バイキング
#えっ！　嘘っ〜
#9時半じゃん〜
#朝食バイキング9時までじゃん
#目の前で焼いてくれる
#オムレツ食べたかった〜
#てか!!
#もうすぐチェックアウトじゃん
#やべ〜
#化粧はバスのなかだな〜
#とりあえず眉毛書こう

湯河原温泉

Relentless Depression

「徹夜で仕事したけど、効率悪くて何も終わってない人」

NO.005

#今日は徹夜だー！
#徹夜をアピール
#ペチャクチャ喋りながら
#会社のゴシップトークに花が咲き
#朝方5時
#眠さと闘いながら次の日を迎える
#無駄徹夜
#徹夜明けで口がめちゃ臭い
#家に帰ったら嫁に
#仕事めちゃくちゃやってきた感出す

📍 札幌市西区

哀愁が止まらない

「毎日ウォーキングしている巨乳のおばさん」

NO.006

#近所の公園
#毎日
#見かける
#雨の日も
#風の日も
#見かける
#巨乳おばさん
#姿勢がいい
#ショートカット
#無駄に巨乳
#あいさつしてくれる日と
#してくれない日がある

📍 駒沢公園

「夏服になった瞬間からワキガが確定した女子生徒」

NO.007

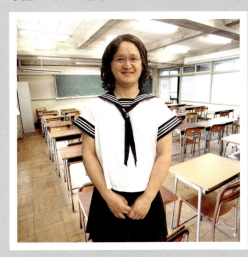

#夏服になるのが
#一番遅かった
#隣の席だった
#鉛筆の芯の匂いがした
#この匂いも青春の香りだと思ったら
#耐えられるようになった
#人は慣れるもの
#彼女はいつも通り元気ハツラツ
#何も言えなくて…夏

📍 静岡県牧之原市

「久しぶりに浴衣を着てテンションがあがる女子ソフトボールの部員」

NO.008

#社会人
#女子ソフトボール部
#久しぶりの休日
#久しぶりの浴衣
#久しぶりの女らしい格好
#テンションあがる
#女子部員同士で集まり
#何十枚も写メを撮る
#そして1日が終わる

📍 小金井市

Relentless Depression

「近所の公園で彼女と8時間いちゃつく高校生」

NO.009

#公園
#まだいる!!!
#モテるオーラ出してたけど
#初めて出来た彼女だった
#ただ喋っているだけ
#それだけで楽しい
#8時間あっという間
#9時間フル勃起
#チンコが痛くなる
#ヤンキーの人たちが来たら速攻帰る
#彼女は夏休み終わり頃、ヤンキーの人に寝取られた
#秋に見かけた
#ヤンキーの彼の原チャリの後ろに乗っていた
#金木犀の香りがした

📍藤沢台第2公園

「トイレに行ってる隙に小道具を地元の中学生に隠された路上パフォーマー」

NO.010

#始める前に
#トイレに行って
#帰って来たら
#すべてがなくなった
#私服もバッグのなか
#ニヤニヤした中学生集団がこっちを見ている
#あいつら……
#ハァ……
#とにかく探さなきゃ
#ハァ……
#先週買ったばかりの小道具もあるのに……
#嫁と子どもの悲しむ顔が頭に浮かび消えない

📍町田市

哀愁が止まらない

「予備校に通う、クソバカ息子を高級車で送り迎えする母親」

NO. 011

#クソバカひとり息子
#予備校
#送り迎え
#3浪
#授業中ずっとスマホでゲーム
#家に帰るとずっとエロ動画
#あと10年この状況が続くとは夢にも思わなかった
#その後息子はYouTuberになり
#電化製品を破壊する動画をUPして炎上
#BANくらう

📍 石川県金沢市

「大病を乗り越え、毎晩走っている近所のおばさん」

NO. 012

#身体を動かすのが大好きな
#おばさん
#大病
#乗り越えた
#生きる喜びを噛みしめながら
#毎晩
#走る
#会ったら大きな声で挨拶される
#走った後
#犬の散歩
#トイプードル
#クールダウン
#意外と犬のフンは足で蹴っ飛ばしドブに捨てる

📍 小平市

「公衆便所に落書きされてる電話番号にかけたら来た人」

NO.013

#友達とノリでかけてみた
#電話にでた！
#5千円で遊んであげると言われた
#駅前で待ちあわせた
#まさか来るとは思わなかった
#電話では26歳と言っていたが
#絶対に嘘
#40歳前後
#遠くから様子を伺っていたが
#こっちを見て
#ニヤっとした
#バレた
#逃げた
#あの日の僕は誰より速かった

📍埼玉県蕨市

「頭良さそうに見えるけど社会科以外はすべて赤点の男子生徒」

NO.014

#頭良さそうに振るまうけど
#社会科
#と言うより歴史
#しかも
#戦国時代のみ
#授業中よく発言する
#テストは普通
#他はすべて赤点
#追試
#だって
#1日5時間
#エロ動画漁ってるし
#学校のパンチラ階段の場所をすべて把握している
#ただのクソ馬鹿

📍山梨県甲府市

哀愁が止まらない

「学校で見かけてもまったく話さない遠い親戚の子」

NO. 015

#学年が1個下
#昔は
#たまに遊んだ
#小学校高学年になると遊ばなくなった
#明るい活発な子だったのに
#今は
#まったく話さない
#見て見ぬふり
#なんでだろ
#学生時代は向こうの成績が良く
#親にイヤミを言われたが
#今はフラフラしているらしい
#去年から年賀状が届かなくなった

📍 多摩川（大田区）

「手品グッズをすべてドンキで揃えている田舎のマジシャン」

NO. 016

#田舎
#温泉街
#ドンキで売ってる手品グッズ
#子どもが
#「知ってるー!」と毎回言ってくる
#無表情で淡々とこなす
#手品の合間合間に
#「手の力です」とドヤ顔で言う
#嫁は温泉コンパニオン
#サクラで一番におひねり渡す
#誰もあとに続かない
#嫁の顔を見るのがつらい
#でもゴリゴリに浮気している

📍 和倉温泉

「色黒で靴下を履かない子どものお母さん」

#色黒
#靴下を履かない
#元気な子ども
#運動もできて
#勉強もめちゃめちゃできる
#子どもの鉛筆はカッターで削ってる
#ママチャリを漕ぐのがものすごく速い
#遊びにいくと小学生なのにコーヒーを出してくる
#小4で引っ越していく
#急に引っ越したから
#お別れ会も開かれなかった
#2学期の最初
#先生が机を片づけていた

NO. 017

📍千葉県流山市

哀愁が止まらない

「バイト初日、いろいろ教わってるけど頭のなかでは明日からバックレることが確定している人」

#バイト初日
#教育係の人
#一生懸命
#教えているけど
#すべて無駄
#ごめん
#俺、明日
#バックれます
#次の日携帯が鳴りやまない
#その携帯を見ながらタバコを一服

NO. 018

📍江東区大島

「オッパイやお尻を重点的にさすりながら除霊するドスケベ霊媒師」

NO. 019

#除霊
#目隠しをされ
#オッパイ
#お尻
#重点的
#さすられる
#ドスケベ霊媒師
#何度も訴えられる
#週5でバイトしている
#好きなことはやめられない
#何も苦ではない
#そういうもの

📍 富士山

「カラオケで一緒に歌い出したら、やめて欲しそうな顔で見てくる人」

NO. 020

#カラオケ
#完全に
#ひとりで歌いたいし
#聴かせたい
#声量はあるが歌はそんなにうまくない
#歌う曲
#すべてバラード曲
#たるいたるい
#知ってる曲だと一緒に歌い出したら
#「やめてくんない？」顔でにらみつける
#だるいだるい
#中盤戦から
#彼が歌うときはトイレタイムになる

📍 平塚市

Relentless Depression

「スパリゾートで無料マッサージチェアを3時間占領する人」

#スパ
#同じような体型の会社の同僚とふたりでおしゃべりしながら
#無料
#マッサージチェア
#3時間独占
#途中は屁のやりあい
#ふたり爆笑
#元をとるため岩盤浴も7回入る
#ダイエット目的でもあったが
#夜食べすぎ
#逆に太る
#月1で友達と来ていたが
#友達に彼氏ができ
#それからぱったり行かなくなった
#ひとりじゃ行けない

📍横浜市鶴見区

「朝からパチンコ店に並んでいたが結局、昼すぎにはスッカラカンになって帰る人」

#パチンコ
#イベント
#朝から並んだ
#午前中はちょっと勝っていた
#昼頃から負けだし
#2時にお金がすべてなくなった
#ATM行ってお金を下ろした
#4時には全財産がなくなった
#夜、ちょっと覗いたら
#自分のやっていた台が
#16箱でていた
#夜、母に電話
#明日ゆうちょ銀行に3万円振りこんでくれる？

📍中野

「親戚のおじさんが家庭崩壊寸前になるまでハマったフィリピンパブの女」

NO.023

#フィリピンパブ
#フィリピーナ
#60歳すぎのおじさんは楽勝
#親戚にひとりはいる
#通いつめ貢ぎまくる
#退職金すべてなくなり
#嫁にバレて
#熟年離婚寸前まで
#子どもたちに止められなんとか離婚を回避
#ドラマ
#『愛という名のもとに』
#チョロの気持ちがわかった

📍群馬県太田市

「何度注意しても野良猫にエサをやる人」

NO.024

#大迷惑
#猫
#大好き
#近所の人
#嫌い
#注意すると
#私じゃない
#私じゃない
#じゃあ持ってるものは何?
#これは旦那の朝ごはんだと嘘をつく
#でも家では飼わない
#旦那さんは年1回しか見かけない

📍杉並区方南町

「バイトふたりにバックレられた引っ越しバイトリーダー」

NO.025

#引っ越し
#大学生バイト
#2名
#来ない
#電話繋がらない
#完全にバックレられた
#昨日、セブンのコーヒー奢ったのに
#どうする？ どうしよう？
#とりあえず主任に電話だ
#家族が心配そうに俺を見ている
#どうする？
#とりあえず本部に電話だ

📍 川越市小江戸

「高級車に乗っているのに運転がめちゃめちゃ下手な人」

NO.026

#運転バリ下手
#ショピングモール
#駐車場で20回前後して駐車
#大渋滞
#なにくわぬ顔
#一般道で
#直線はスピードだす
#でもカーブで
#急激にスピード落とす
#後続車危ない

📍 豊洲ららぽーと

哀愁が止まらない

「ズブズブの関係で毎年、同じ演歌歌手を呼ぶ町長」

NO.027

#毎年、夏祭り
#女性演歌歌手
#別に出身ではない
#誰も喜ばない
#毎年、最後に一緒に歌う
#総スカン
#ズブズブの後輩の店で打ち上げ
#大豪遊
#すべて町民のお金
#次の選挙で落選

📍 岐阜県

「口が臭すぎて、説明がまったく頭に入ってこない上司」

NO.028

#上司
#口臭
#タバコとニンニクのコラボ
#気を失いかける
#急に説教が始まるが
#適当に相槌
#まぁ若いころ俺もそうだったよと
#優しい言葉をかけられるが
#それも臭い

📍 静岡県三島市

「おばあちゃんの葬式で、ずっと喋っていて一瞬泣いて腹いっぱい寿司食って帰る遠い親戚のおばさん」

NO. 029

#葬式
#ずっと喋ってる
#出棺のとき
#一瞬号泣
#家族よりも泣いている
#すぐケロリ
#大往生、大往生を30回ぐらい言う
#寿司食いながら遺産の話をして
#ビール飲んでほろ酔いで帰る
#誰?
#初めてみた
#遠い親戚のおばさん

📍北九州市八幡西区

哀愁が止まらない

「おじいちゃんに借金しまくって勘当された親戚のおばさん」

NO. 030

#親戚のおばさん
#優しかった
#人当たりも良かった
#変なアクセサリーを付けていた
#変な宗教に入ったらしい
#おじいちゃんに何度も
#借金して
#勘当された
#大人になってわかった
#この人本当に嫌い

📍群馬県高崎市

「マックで100円コーヒーだけ頼んで、ずっと寝てるおじさん」

NO.031

#マクドナルド
#100円コーヒーで
#朝9時から夕方5時まで
#基本的に寝てる
#たまに
#ツムツムやって
#エロサイトみて
#うるさい高校生がいるとにらみつける
#ボロボロのスポーツ新聞を読んでる
#昼飯は持ちこみのおにぎり
#隠しながら食べる

📍 マクドナルド小山城東店

「エレベーターで先に乗ってるのに、なんのボタンも押さない人」

NO.032

#マンション
#エレベーター
#先に乗ってた
#ボタンの前に立っている
#開けるも閉めるも押してくれない
#何階ですか?もないので
#自分で押した
#押そうとしたとき
#まったくどかない
#じゃあ
#そこに立つな

📍 板橋区

「ものすごくケバい女とグリーン車に乗ってる人」

#新幹線
#グリーン車
#町一番のケバい女と
#リクライニングをフルに倒し
#車内販売で大量に買う
#芸能人がいると大きな声でケバい女に教える
#カシャカシャと車内に鳴り響くシャッター音
#突然デカい声で仕事の電話を始める
#「アリだと500万、ナシだと350万」と言っている
#職業不明
#すべて現金払い

📍名古屋駅

NO. 033

哀愁が止まらない

「またまた仕事で娘の運動会に参加できなくなった自動車整備士」

#自動車整備士
#小学3年生の娘
#今年こそは行く約束をしていた
#娘は大喜び
#お父さんのお弁当をつくるとはりきっていた
#運動会直前
#修理したばっかりの車を引き渡すとき
#後輩がガードレールにぶつけた
#休み返上
#運動会行けなくなった
#ごめんね
#帰ってきて母親から聞いた
#徒競走で一番だったみたい
#娘は何も言わない
#本当にごめん

📍三重県四日市市

NO. 034

「市民プールにいる男性の目線を気にしすぎるおばさん」

NO.035

#市民プール
#あのスケベジジイ
#絶対にこっち見ている
#気持ちが悪い
#また目があった
#ゲロ吐きそう
#やめやめ
#禁止されてる
#シャンプーとボディーソープを持ちこみ
#風呂を済ませて帰る
#プールに行った日は
#夜の食卓はお惣菜ばかり

📍熊谷市

「とんでもないスピードで女の家に転がりこむ人」

NO.036

#6畳一間
#部屋のなかでも革ジャンを着ている
#いつも「今帰ってきた」と嘘をつく
#40歳無職
#勝手にニンテンドーDSを売った
#その金でパチンコをした
#5分でなくなった
#鍋をつくるのが上手い
#ときどき帰ってこない
#そんときはなんか寂しい
#2ヶ月後
#私の自転車と共に居なくなった
#わかってはいたけど
#クソ泣いた

📍世田谷区代田橋

Relentless Depression

「小さな嘘をいっぱいつく地元のバーのマスター」

NO. 037

#バー
#マスター
#小さな嘘をいっぱいつく
#4店舗経営している
#(雇われ店長)
#盆と正月は絶対ハワイにいる
#(ずっと家)
#アイルランドのクォーター
#(純日本人)
#仮想通貨で850万円儲けた
#(大損)
#JOYと昔、同居していた
#(バイト先のただのミャンマー人)
#独身
#(隣町に嫁子どもいる)

📍 下関市

「母親がいなくなった途端、態度が急変する40代独身のピアノの先生」

NO. 038

#ピアノの先生
#裕福な環境で育ったため
#一般の家庭を下衆扱い
#母親がいなくなったら
#態度
#急変
#笑顔から
#ガン飛ばし
#爪の長さ
#厳しすぎる
#アルコール消毒を何度もさせられる
#男子には優しい
#山崎賢人の大ファン
#赤色のアウディに乗っている

📍 静岡県浜松市

哀愁が止まらない

「中3の兄にそっくりな中1の妹」

NO.039

#中3の兄が
#女装
#しているのかと思うぐらい
#そっくり
#なぜか同じメガネをしている
#まさかの
#兄と同じ
#吹奏楽部に入る
#楽器も
#まさかの
#兄と同じ
#ホルン
#仲が良い

📍新座市新堀

「連休中やることないので昼間からセックスばっかりやってるカップル」

NO.040

#連休中
#やることない
#お金もない
#とりあえずヤリまくる
#インターバルは
#DVDで
#『チャーリーとチョコレート工場』を観る
#開始5分で
#またおっぱじまる
#やり終わったらふたり爆睡

📍船橋市駿河台

Relentless Depression

哀愁が止まらない

「会社まで50キロあるのに平気で原付で通勤する人」

NO. 041

#50km
#原付
#府中⇔平塚
#片道3時間半
#雨の日も風の日も
#フルフェイス
#激烈に臭い
#人通りの少ない道を通るときはB'zを熱唱
#「太陽のKomachi Angel」
#「いつかのメリークリスマス」
#「ultra soul」
#「Easy Come, Easy Go!」
#「ALONE」

📍 府中

「モデルのInstagramにちょくちょく出てくる実のお母さん」

NO. 042

#モデル
#Instagram
#お母さん
#家族大事してるオーラだす
#マミー(母親)大好き
#19歳のときの子ども
#女手ひとつで子育て
#だいたい金髪
#頭にサングラス
#薄めのメイク
#現役感満載
#細すぎるタバコを吸う

📍 ホノルル

「頭がめちゃくちゃいい童貞」

NO. 043

#大学院生
#勉強しすぎた
#なので
#恋愛
#まったく勉強しなかった
#超絶早口
#2次元にしか興味ない
#でも36歳で
#わりと可愛い研究生と結婚
#36年間の性欲をその子にぶつける
#誘われたら簡単に浮気する

📍 文京区本駒込

「写真を撮るときに絶対にマッチョポーズをする野球部の先輩」

NO. 044

#野球部
#先輩
#マッチョポーズ
#ムードメーカーで補欠
#たまに出るけどいつも
#見逃し三振
#いつも両親が応援に来る
#粉ポカリ
#チームいち絶妙な割合でつくることができる

📍 福井県敦賀市

Relentless Depression

「静かに大便を我慢する人」

#急激
#お腹イタイタ
#大便
#我慢
#脂汗ダラダラ
#足プルプル
#ものすごい小さい声で
#オーマイゴッド
#連呼
#ノックはしない
#なかに入っている奴はスマホゲームに夢中
#鼻息が荒くなってきた
#この後は御想像にお任せします

📍中央区八丁堀

「帽子だけでも個性を出そうと必死な修学旅行生」

#修学旅行
#オシャレしたい
#眉毛しっかり剃った
#帽子
#学校指定以外の服装はNG
#先生に見つかったら没収される
#大丈夫かなぁ
#てか
#東京
#人多すぎる
#ビビるな
#平常心平常心

📍原宿竹下通り

「クリスマスにドッキリで帰ってくる米兵」

NO.047

#クリスマス
#米兵
#ドッキリ
#小学生の息子
#最高のリアクション
#最高のクリスマスプレゼント
#なぜか迷彩服
#Facebook
#Twitter
#ちょくちょく流れてくる
#感動動画

📍 アリゾナ州

「清楚に見えて髪をかきあげるとバキバキにピアスを開けている人」

NO.048

#パッと見
#清楚
#とてつもなく優しいしゃべり方
#髪かきあげると
#ピアス
#バキバキに入ってる
#軟骨にも
#ゴリゴリ
#一瞬「ハッ!」てなる
#いろいろ探っていたら
#裏アカのインスタ発見
#バンギャだった

📍 南浦和

「セクハラの被害届けが数十件出ているのに絶対に認めない市長」

NO. 049

#市長
#セクハラ
#絶対に認めない
#身体を触って
#励ましていただけ
#酷く疲れていたから
#お尻を揉んであげただけ
#ほっぺにご飯粒がついていたから
#舐めてとってあげただけ
#だから辞職しない
#名誉挽回
#息子が下着泥棒で捕まる
#辞職

📍岡山県

「マッチングアプリのアイコンでペットのかわいさに乗っかろうとする人」

NO. 050

#マッチングアプリ
#Tinder
#約200枚以上撮影
#そのなかの渾身の1枚
#本人は笑顔
#鼻頭ににきび
#切ない顔のトイプードル
#反響があると思っていた
#犬のかわいさに乗っかろうと必死
#わたしもかわいいでしょ？
#見た人音速で
#左にスワイプでナシにする
#マッチングできなかった

📍志木市

哀愁が止まらない

※位置情報はイメージです

芸能人モノマネ

"哀愁"とは対照的で華やかな芸能人モノマネ。福島によるひと言メッセージつきで紹介する。

芸能人モノマネ

船越英一郎

Eiichiro Funakoshi

 モノマネした回数ナンバーワン！ いつかニセ船越主演で火曜サスペンス劇場をやりたい。

ISSA

ISSA

 スタジオで本物のISSAさんと何度も間違われた。歌も踊りもできないのに……。

 ご両親が「二人目の娘だ」と言ってくださったり、サイズをあわせた服をいただいたり、感謝しかない。

ダレノガレ明美

Akemi Darenogare

 私の母親が「似ている」と言われた芸能人のなかで、一番喜んでいたのが小林幸子さんでした。

小林幸子

Sachiko Kobayashi

藤田ニコル

楽屋に用意されたご本人サイズの服が、絶対入らないと思ったのに入って驚いた。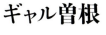

Nicole Fujita

Impression of the stars

Masafumi Akikawa

秋川雅史

 秋川さんは喉をしめつけないように第2ボタンまで開けると聞いて、私は第4ボタンまで開けている。

大食いロケのあとに機内食を食べているのを目撃した。ギャル曽根さんの食欲はホントにすごい。

ギャル曽根

Gal Sone

Miyu Ikeda

池田美優

 みちょぱさん着用のものと同じカラコンを入れたけど、誰も気づいてくれなかった。

芸能人モノマネ

　伝説の番組『水曜スペシャル』を復活させて、アマゾンを探検したい。

藤岡弘、

Hiroshi, Fujioka

　まずい店のロケをする番組をやりたい。そして『最強のまずい店77軒』という本を出す。

アンジャッシュ渡部

Un-jash Watabe

Karina Maruyama

丸山桂里奈

丸山さんのことをツイートすると1分後に引用リツイートしてくれるマメな方。　

Osamu Hayashi

林 修

「いつやるか？　来年からでいいでしょ」

Audrey Hepburn

オードリー・ヘップバーン

舞台『ローマの休日』で、吉田栄作さんの相手役としていつか共演してみたい。

Impression of the stars

私がもう少し歳をとったら、さらに似るはず。渡辺さんはうちの母親にそっくりだから。

渡辺えり

Eri Watanabe

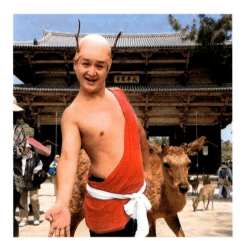

Sentokun

せんとくん

たとえ外のロケでも常にはだし。柔道をやっていたおかげで足の皮が厚くて助かった。

モノマネをしておきながら、『スターウォーズ』シリーズを観たことがありません。

ジョージ・ルーカス

George Lucas

あ と が き

芸歴22年、このまま終わるかと思っていましたが、
はじっこで哀愁漂うモノマネをやり続けた結果、
みなさまのおかげで本を出すことができました。
本当にありがとうございます。

哀愁モノマネは、これまでの人生で
私が体験したこと、そして見てきたことを、
忠実に再現したものです。

最初で最後の本だと思って
しっぽの先まであんこをつめたつもりです。

人によって、私はこれが好き、あれが好きなど、
好みの違いがあると思います。
面白がれるものをぜひ探してください。

約3名ぐらいに深く突き刺さればいいと思ってやっていたので、
刺さらない方もいるかもしれませんが、
異論、反論は受けつけません。

学校や会社で嫌なことがあったとき、子育てに疲れたとき、
この本を読んでもらい、あなたの笑顔が少しでも増えれば幸いです。

人生とは"哀愁"。
その哀しみを笑ったほうがいい。
だから、あなたの今の哀しみも、時間が経てばきっと笑えるはず。

私自身、これからもっともっと哀愁を出していきたいと思っていますので、
最低3冊、この本を買ってください。
(ブックオフに売ってはダメだよ♡)

この本がバカ売れし、夢の印税生活が実現したら、
キャバクラ嬢とアフターで箱根温泉旅行に行ったり、
マッチングアプリでいろんな女優のたまごと知りあって支援してあげたり、
あと、各地方に女をつくったりして、
"藤沢のドン・ファン"と呼ばれたい。

そしてすべてがバレ、家族に捨てられ、世間に見捨てられ、
三畳一間のアパートで昼間から『大五郎』を呑みながら、
ワイドショーに本気で愚痴る。

そのときの私は、ものすごく哀しさに溢れていて、
もっと笑える哀愁オーラを出しているでしょう。
そしたら、また笑ってくださいね。

福島善成

哀愁 ガリットチュウ福島のモノマネ人生劇場

2018年11月15日 初版発行

著者	福島善成
発行人	藤原寛
編集人	松野浩之
編集	竹村真奈(タイムマシンラボ) 車 寅子(タイムマシンラボ)
デザイン	渋井史生(PANKEY inc.)
撮影	岡田佳那子
衣裳	雨宮愉子
画像合成	姫野恭央 高木健吾
題字(P1)	福島善人
企画・進行	南百瀬健太郎
営業	島津友彦(ワニブックス)
ウィッグ協力	株式会社スヴェンソン
撮影協力	IID世田谷ものづくり学校 ミズノフットサルプラザ藤沢 岩橋家のみなさん
スペシャルサンクス	河村正和

発行　ヨシモトブックス
　　　〒160-0022 東京都新宿区新宿5-18-21
　　　TEL：03-3209-8291

発売　株式会社ワニブックス
　　　〒150-8482 東京都渋谷区恵比寿4-4-9 えびす大黒ビル
　　　TEL：03-5449-2711

印刷・製本　株式会社光邦

本書の無断複製(コピー)、転載は著作権法上の例外を除き、禁じられています。
落丁・乱丁本は(株)ワニブックス営業部あてにお送りください。
送料小社負担にてお取り換えいたします。

©福島善成／吉本興業　2018 Printed in Japan
ISBN 978-4-8470-9721-8